JN186673

くり返し読みたい禅語

監修 武山廣道（臨済宗 白林禅寺住職）
画 臼井治

はじめに

禅語は、禅宗の僧侶たちの逸話や経典などからとられた言葉です。難しい言葉ばかりではなく「挨拶」や「元気」も実は禅語。このように、私たちの生活に根付いてる言葉も多いのです。何百年も前のものですが、禅の思考は現代の私たちにも新鮮で、さまざまな悩みを解決する知恵の宝庫。読むたびに新しい発見があります。

本書には、日常語として使っている禅語や、茶席で見かける禅語など、親しみのある言葉を中心に七十の禅語を収録しました。それぞれの言葉を、家庭や職場、暮らしのなかのエピソードを交えて分かりやすく解説しています。どこから読み始めてもかまいません。気のむくままにページを繰り、言葉のイメージを広げてくれる臼井治先生の画とともに、禅のこころに触れましょう。

目次

第一章　人間関係を円滑にする言葉

第二章　悩みや迷いを解消する言葉

第三章　自信を取り戻す言葉

第四章 やる気になる言葉

第五章　豊かに生きるための言葉

第一章
人間関係を円滑にする言葉

洗心《せんしん》

汚れた心も、
洗えば
きれいになる

誰かのことを疎ましく思ったり、他人の優しさを素直に受け止められず、きつい言葉を放ってしまうことは、誰にでもあること。それは、気づかないうちに心がくすんでしまっている証拠です。

お寺の入り口で手や口を清めるように、時々は心も洗わなければ、汚れがたまってしまうのです。

雄大な景色を見る、美しい音楽を聞く、子どもの純粋さ

に触れる……。特別なことをしなくても、心を洗うことのできる場面は日常にたくさんあります。
　ほんの少しでも内面を見つめる時間を持ち、きれいな心を保っていると、その美しさが行動にも表れ、あなた自身が、まわりの人の心を洗うこともできるかもしれません。

喫茶去《きっさこ》

誰にでも茶をすすめる心の余裕を

唐の時代、趙州《じょうしゅう》和尚は、知恵を授かろうと訪ねてきた修行僧に何を聞かれても「喫茶去（お茶をどうぞ）」としか言わなかったそうです。

これにはいろいろな解釈があるようですが、和尚が真心を込めて差し出した一椀のお茶は、はるばるやって来た修行僧の心を癒したはずです。

私たちの日常でも、訪問客が来ると「お茶をどうぞ」とまず言います。茶のもてなしがあればこそ、会話も弾み、コミュニケーションもうまくいくのです。あなたも、初対面でどんな相手か分からずに緊張するときや、苦手な人と会うときにこそ、「お茶をどうぞ」を使いましょう。どんな相手でも、もてなす心を持ち、一緒に温かなお茶を飲めば、ほっと気持ちが和らいで会話もすすむでしょう。

以心伝心《いしんでんしん》

心と心で通じ合う

ある日、お釈迦様は、説法の場で蓮華一輪を無言のまま差し出しました。人々はそれが何を意味するのか理解できませんでしたが、摩訶迦葉《まかかしょう》尊者だけが微笑しました。その様子を見てお釈迦様は、悟りの境地が彼に伝わったと言いました。大切なものは、言葉ではなく、心から心へ伝わっていくのです。

私たちは、気持ちを言葉で受け取りたいと考えがちです。しかし、本来、気持ちは心と心で通じ合うものです。例えば、親が子を思う深い愛は子どもにしっかりと伝わります。友人や恋人とも、心が通じ合ったと感じることがあります。そんなときは、とても嬉しく、幸福な気分になるでしょう。誰の心にも、相手の思いを感じる力が備わっているのです。

花枝《かし》自短長《おのずからたんちょう》

個性があるから調和がとれる

木の枝をよく見てください。同じ木でも、長い枝もあれば、短い枝もあり、それがとても自然なバランスで配置されています。この自然の摂理は人間にも当てはまります。

学生時代を思い出してください。同級生にはノッポもいれば、チビもいる。真面目な子にやんちゃな子、生徒の個性はいろいろ。全員が仲良しでなくても、互いを認め合い、クラスメイトという連帯感で

まとまっていたはずです。
　同じ人間など一人もいません。人と違って当たり前、そして違いは優劣ではありません。木も枝振りが違うからこそ、太陽の光がどの枝にも平等に降り注ぎ、どの枝もすくすくと伸びるのです。

挨拶《あいさつ》

自分から声をかけ、心を交わす

「おはようございます」の挨拶から始まる一日は、清々しいものです。ご近所の方とも、笑顔で挨拶を交わせば、相手への親しみがわいてきます。「挨」は押す、「拶」は迫るという意味を表し、この二つの漢字を合わせ禅僧が禅問答をして互いの力量を測ることを挨拶と呼びます。

今までは、ただ何気なく挨拶をしていたと思います。ですが、今日からは、一方的に投げかけるだけではなく、返ってきた声の調子や表情から、何かいいことがあったのかな？　ちょっと疲れているのかな？　と相手の様子を感じ取ってみましょう。

「おはよう」、「こんにちは」、「こんばんは」の挨拶も心を配って行えば、あなたとまわりの人の心を繋ぎ、絆を深めるのです。

桃李不言下自成蹊《とうりものいわざれどもしたおのずからけいをなす》

魅力があれば、自然に人が集まる

桃や李《すもも》の木は何も言いません。ただそこにあるだけです。しかし、美しく咲く花や豊かな果実にひかれてたくさんの人々が集まってくるので、地面が踏みしめられ木の下に自然に道ができます。

それと同じように、魅力的な人は、何か工作したり、好かれようと媚を売らなくとも、不思議に人が集まってくるのです。

あなたの場合はどうですか？　特別なことをしなくても自然と人に囲まれ、笑顔があふれた生活をしているなら、それはあなたの魅力や人間性が豊かであるということ。

そうではないと感じたら、自分を磨きましょう。新たな魅力が加われば、自然に豊かな人間関係が広がっていくでしょう。

銀椀裏盛雪《ぎんわんりにゆきをもる》

違いを見極める

白銀の椀に白銀の雪を盛る。どちらも白く、遠目では見分けがつきませんが、椀と雪は全く別の物です。

じっくり見なければ区別がつかないものは世の中にたくさんあります。

例えば「友達」。楽しく過ごす仲間は皆、本当の友に見えますが、そうとは限りません。何かして欲しいと要求ばかりする人。あなたの話をろくに聞かず、自分のことばか

り話す人。平気で約束を破る人はいませんか。
会いたいと言えば、すぐにかけつけて、話を聞いてくれる。夢を語れば、心から応援してくれる。あなたのいい所も、悪い所も知った上で、付き合ってくれるのが本当の友達。似ているものはじっくり見て、違いを見極めましょう。

山是山《やまはこれやま》水是水《みずはこれみず》

そのままを受け入れる

山は山であり、水は水である。茶席でよく見かける清々しい禅語です。禅の修行をすると、山も水も同じに思えるようになり、さらに修行を深めていくと、再び、山を山として、水を水として感じる新たな境地に達するそうです。

私たちも既成概念を捨て、改めてまっすぐに見てみましょう。気づかなかった別の面が見えてくると、同じ物も新鮮に感じることができます。

苦手な人と接するときも、まっすぐに相手を見ると、その人のいろんな姿が見えてきます。私には厳しいけれど、家族思いな面があることに気づいたりといった発見があるでしょう。相手の態度は変わらなくても、苦手意識が薄まって、前とは違う接し方ができるようになります。

天上天下唯我独尊《てんじょうてんげゆいがどくそん》

人は皆それぞれが尊い

命の尊さは、才能、学力、財産、地位、健康で決まるものではありません。お釈迦様が生まれた時に唱えたこの言葉は、「世界中のどこにも私の代わりになる者はなく、何一つ加えなくとも、この命のままに尊い」という教えです。生まれたばかりの赤ちゃんは、何も持っていませんし、何もできませんが、尊い存在です。命を授かった者には、みな尊厳があるのです。

自信をなくしたときは、この言葉をかみしめて、自分はかけがえのない存在なのだということを思い出しましょう。もちろん、尊いのは自分だけではありません。自分を大切にするように、他人も尊重すべきです。自分と違う意見の人とも、理解し合えるように努めたいものです。

愛語《あいご》

慈愛の言葉には力がある

愛語とは相手を思い、優しい言葉をかけること。

突然の不幸や災難に見舞われて、落ち込んでいるとき、心からの優しい言葉をかけられると、もう一度やり直してみようという元気がわいてきます。あの一言が人生の転機となったという言葉が誰にでもあるものです。

道元禅師は「愛語は愛心よりおこる　愛心は慈心を種子とせり　愛語廻天《かいてん》の力あるこ

とを学すべきなり」と書いています。

優しさにあふれた言葉は、人を励ますこともでき、時には人生を変えてしまう力も持っているのです。「いつもありがとう」といった言葉でも、真心がこもっていれば、深く相手に届き、たくさんの元気や喜びを与えることができます。

※廻天の力…天を回す力、長じて人生を変える。

単刀直入《たんとうちょくにゅう》　大切なことはストレートに伝える

言い出しにくい話があると、どうしたらさりげなく伝えられるだろうかと考え過ぎて、近況報告や噂話など関係のない話に時間を費やし、その結果、相手にうまく伝わらず、もやもやした雰囲気になることがあります。

しかし、そんなときは、たいてい相手もどんな話かはうすうす気がついているものです。相手を思うなら、大事なことはストレートに伝えましょう。その方が、相手に余計な詮索をさせずにすみます。

いきなり本題に入るのは、勇気がいることです。しかし、遠回しな言い方ではあなたの真意は伝わりません。相手を思いやるなら単刀直入がいいのです。飾らない言葉ほど、相手にまっすぐ届くので、互いの理解も一層深まります。

山花開似錦《さんかひらいてにしきににたり》

変化し続けることだけが不変の真理

自分を取り巻く環境に、あなたは満足しているでしょうか。それとも、不満を抱えているでしょうか。いずれにしても、忘れてはならないのは、あらゆるものは変わりゆくということです。どんなに美しく咲き誇る花々も、時とともに散っていきます。人生にも、必ず浮き沈みがあるのです。

今置かれているところに留まろうとすることも、そこから抜け出そうとすることも執着であり、そこには苦しみが生まれます。どれだけもがいても、変化の波が来ることは真理であり、それをコントロールすることはできません。

今の環境や理想にとらわれることなく、あなたらしく過ごせばいいのです。そして、あらゆる変化に身をゆだねれば、苦しむこともなくなります。

一期一会《いちごいちえ》

今、この瞬間の
出会いを大切に

日常のさまざまな場面で使われるこの言葉は、もともと「この茶会を一生に一度の出会いと心得て、もてなす側も、もてなしを受ける側も共に誠意をつくす」という茶の湯の心を表すものです。

その日、その時、その状況は一度だけ。「またね」と別れた友達に再び会ったとしても、それぞれに時間は流れ、状況も変化しているので「あの時の友達」と全く同じ人で

はありません。
そう考えると、人、物、景色……どんな出会いも人生でただ一度しかなく、すべてがかけがえのない存在に思えるはずです。毎日の何気ない出会いに感謝し、目の前にある存在に真心を持って接してみてください。その積み重ねが、あなたの財産になります。

悟無好悪《さとればこうおなし》

先入観をなくす

あるがままを受け入れれば、好き嫌いは自然になくなります。例えば、子どもの頃には食べられなかった物が、大人になって好物になったという経験のある人も多いでしょう。

食べ物に限らず、好き・嫌いの感情は曖昧なもの。素敵な人だと思って食事に誘ったら、マナーが悪くてがっかりしたり、苦手な人と話してみたら、意外にいい人だった。こういったことも多々起こります。

よく知りもしないのに、相手を先入観で判断するのはやめましょう。まずは、実物を自分で見て、感じて確かめるのです。そうすれば、存在を認めることができるので、好きも嫌いもなくなって、あなたの世界がぐっと広がります。

禅と茶道

「茶禅一味《ちゃぜんいちみ》」という言葉があります。茶道の心と禅の極意とは一つであるから、求めるところは、禅と同一であるべきという意味で、茶禅一致ともいいます。

茶聖とも称される、千利休は堺や京都の禅寺で本格的に修行をしていました。今も、茶道の家元や師範は、禅の師家について修行をしている人が多いそうです。

また、茶席の床の間に掛けられる軸には、季節や茶席のテーマに合わせた多くの禅語が選ばれています。

［季節の禅語一例］

春：3～5月

花枝自短長（↓P18）
春来草自生（↓P42）
百花為誰開（↓P92）

夏：6～8月

山是山水是水（↓P26）
滅却心頭火自涼（↓P62）
白雲自去来（↓P102）

秋：9～11月

掬水月在手　弄花香満衣（↓P64）
八風吹不動（↓P94）
壺中日月長（↓P154）

冬：12～2月

銀椀裏盛雪（↓P24）
寒松一色千年別（↓P80）
無事是貴人（↓P82）

第二章
悩みや迷いを解消する言葉

春来草自生《はるきたらばくさおのずからしょうず》

しかるべき時まで焦らず待つ

春が来れば、草は自然に芽吹きます。それが自然の摂理で、人間はその時期を早めることも、遅らせることもできません。

目標に向かって頑張っていても、なかなか成果が出ないことがあります。そんなときは、落ち込んだりせずに、まだ時期が来ていないのだと考えましょう。

冬に春の花が咲いても、厳しい寒さで枯れてしまうように、強引に進めても、機が熟していないと失敗するのです。

大切なのは、心に余裕を持つことです。今はまだ、必要な準備が整っていないのだと考えて、焦らずに自分ができることを続けましょう。一心に打ち込んでいれば、しかるべき時に成果が表れます。

好事不如無《こうじなきにはしかず》

良いことに執着しない

良いことでも、無い方がましであるという教えです。良いことは何度も経験したいと思うのが普通。しかし、幸運に執着するなら、無い方がましなのです。

例えば、宝くじで十万円が当たったとします。次も当たるのではないかと欲を出し、以後当たらないのに宝くじを買い続けて、気がつけば十万円以上使っていた。これなら、当たらなかった方が良かったというわけです。

良いことがあればさらに良いことを求めるのが人間です。だからこそ、幸運がなければ期待することもなく、失望することもないのです。良いことがあったとしても、それに執着しなければ、穏やかに過ごすことができるでしょう。

自灯明《じとうみょう》

生きる道を灯すのは自分

子どもの頃は両親や大人に、社会に出れば上司や先輩に助けられることも多いでしょう。誰もが、先人に導かれながら成長をするのです。

しかし、いずれは自らの力で進まなければならない日が来ます。いつもまわりの人を頼りに生きていると、いざ一人になったとき、心細くて不安でたまりません。

誰かに頼りすぎずに、自分を拠り所として生きましょ

う。あなたには、人生を歩む力が充分に備わっているのです。あなたの人生を歩むのはあなただけ。長い人生、足元が暗く見えにくいときもあるでしょう。そんなときは、自らが灯明となって、道を照らして歩いていくのです。自分のなかに灯りがあると気づいたら、どんな暗闇でも勇気を持って進むことができます。

○（円相《えんそう》）始まりは終わり、終わりが始まり

円は、足りないところも余分もない、始まりも終わりもなく循環していきます。森羅万象や無限に広がる宇宙、絶対的な真理の象徴であり、言葉では説明できない悟りも表しています。

春がきて、夏になり、秋がきて、冬になり、再び春が訪れるように、人にも寿命が訪れ、新しい命がどこかで始まる。生も死も循環していて、あなたもこの円の中にいるのです。大きな循環のなかで、生かされているのだと実感し、自然に逆らうことなく生きていきましょう。

めぐりゆく時の流れに身をゆだねれば、苦しい、つらいと感じていることも、いつかは円満に解決する日がやってきます。

達磨安心《だるまあんじん》

見えない不安に怯えない

禅宗の初祖・達磨大師にまつわる禅語。「不安を取り除いてください」と言う弟子に達磨大師は、「では、その不安を私の前に出しなさい。安心させてあげるから」と答えました。すると弟子は、不安は実体がないから出すことはできないと気づき、自分がいかに空虚なものにとらわれていたのかを知りました。

人生に不安はつきものです。病気になったらどうしよう、老後は安心して暮らせるのだろうかなど、未来のことを考え出すと、不安でたまらなくなります。しかし、その不安には実体がありません。先のことを思い悩むより、健康を維持すること、無駄遣いをしないことなど、今できることに集中しましょう。そうすれば、おのずと不安はなくなるのです。

両忘《りょうぼう》

二者択一から自由になる

愛と憎、生と死、美と醜、善と悪など、世の中には対立する言葉があふれています。この両者の対立を越えることを「両忘」といいます。

生活のなかには、何かを選ばなければならないことがたくさんあります。例えば、最近知り合ったあの人は善人か悪人か、付き合いを深めていいのかどうか決めたい。

そんなときは、白黒つけるとか、どちらが正しいかという二元論から離れてみましょう。思考も感じ方も人それぞれ。善悪ではないところで判断してもいいし、判断がつかなければ、ひとまずそのままにしておいてもいいでしょう。白黒はっきりさせなければという、執着や思い込みをなくすことで、心が放たれ、新しい道が開けることもあります。

紅炉上《こうろじょう》一点雪《いってんのゆき》

情熱で妄想を溶かす

真っ赤に燃える炉の上に、ひとひらの雪が舞い降りれば、音も立てずに瞬時に溶け、あとかたもなく消えてしまいます。この言葉は、人間の命は、紅炉上の雪のようにはかないという意味とともに、煩悩や妄想が一瞬のうちに消える様子を表しています。

どんな人も雑念や妄想が絶えることはありません。禅の悟りを体得した僧でさえも、雑念が浮かんでくるのです。

しかし、修行を積んだ禅僧は、こうした煩悩を熱い求道心で瞬時に消滅させるのです。
　禅僧のようにはいかなくても、信念を燃やし続ければ、雑念に振り回されない生き方ができます。強い意志を持ち続けられるよう日ごろから努力しましょう。

随所作主立処皆真《ずいしょにしゅとなればりっしょみなしんなり》

どこにいても主体性を持つ

いつ、どこでも、どのような状態であっても、真実の自分を見失わず主体的に行動しましょうという教えです。

例えば、上司から資料づくりを頼まれたとします。この仕事を、やらされていると考えるのではなく、自分の仕事だと思って取り組むことが「随所作主」なのです。やらされていると思うと、その人の為に生きることになります。自らしてみようと意欲的に取り組めば、自分が主役になれます。

また、人に頼んだことでミスが起きても、その人のせいにしてはいけません。誰かのせいにすることは、自分の人生を人にゆだねることになります。相手を責めずに、自分の問題として対処できれば、それを糧にあなたも、一歩前へ進むことができます。

惺惺着《せいせいじゃく》

「目覚めているか」と自分に呼びかける

私たちのまわりには、テレビ、新聞、雑誌、インターネットなどから配信される情報があふれています。ニュースだけでなく、コメンテーターや解説者の意見も同じように入ってきます。マスコミの情報だけでなく、社会に出れば、他者の意見や価値基準に振り回されることが多々あります。

こうした生活を続けていると、心に余計なものをまとってしまい、本来の自己が見えにくくなります。

そんな状況に陥っていると感じたら、「惺惺着（目覚めているか）」と内なる自分に呼びかけてみましょう。そして余計なものを取り払い、本性を目覚めさせ、自分らしさを取り戻しましょう。

一行三昧《いちぎょうざんまい》

ひとつのことを
無心に行う

禅でいう「三昧」とは、精神を集中して物事にあたることで、「一行三昧」とはひとつのことに精神を集中して行うことです。例えば、仕事をしているときは仕事にだけ集中する、食事をするときは食べることに、遊ぶときは遊びに集中する。これらすべてが一行三昧です。

音楽を聴きながら仕事をしたり、テレビを観ながら食事をしたりすると、一度に二つ

のことができて時間を有効に使っている気がしますが、どちらも中途半端にしかできず、満足のいく結果が得られないものです。

迷いや悩みがあるときは、今やるべきことに集中しましょう。悩みの多くは、自分がつくり出した妄想です。どんなことも「一行三昧」、全身全霊で行っていれば、雑念や妄想が入り込む余地はありません。

滅却心頭火自涼《しんとうをめっきゃくすれば　ひもおのずからすずし》

無心になれば乗り越えられる

「火は熱いのだ」といった分別の心を捨て、無心になって向き合えば、火の熱さもそのまま受け入れることができ、火すら涼しいという境地に至るという禅語。有名な言葉ですが、「禅の修行をすれば、炎の中でも平気になる」という意味ではありません。苦しいことにも真剣に向き合えば感じ方が大きく変わるということを教えています。

苦しいこと、つらいことは、避けたいのが人間です。しかし、やってみる前に諦めてはいけません。まずは、苦手意識を捨てて挑戦すること。無心になってやってみたら、思ったより大したことはなかった、意外と大丈夫だったということは多いものです。

掬水月在手《みずをきくすればつきてにあり》弄花香満衣《はなをろうすればこうえにみつ》

悟りは誰もが手にできる

水を両手ですくうと、その水に月が映り、花を摘めば花の香りが服いっぱいに染み込む。この詩情あふれる禅語はもともと唐の于良史《うりょうし》が書いた『春山月夜』という詩の二節。それが禅的に解釈されて広まりました。

月には手が届きませんが、手ですくった水に月を映すことはできます。花と戯れていれば、自然に服に香りが移ります。月も花の香りも、ちょっとした働きかけで、誰でも手に入るのです。

禅語では、地上のすべてのものに平等に光を注ぐ月を「悟り」に例えることがあります。悟りのように難しいものであっても、誰もが努力をすれば近づけます。そのためにも、ただ眺めているだけではなく、自分から手をのばすことが大切なのです。

吹毛剣《すいもうけん》

煩悩はすばやく
断ち切る

「吹毛剣」とは、柔らかな鳥の羽も、刃の上に吹き落とすだけで、スパッと二つに切れてしまうほど鋭い剣のこと。この剣は、物だけでなく、人の煩悩や妄想も断ち切るといわれています。煩悩や妄想を次々と切り、切る物がなくなって、この剣が必要でなくなるときが、精神的な最後の境地です。

悩みや迷いを生み出すのは、「こうでありたい、こう

でなければいけない」という執着心や「うまくいくはずがない」というネガティブな妄想。さまざまな「思い」が押し寄せてくるのは仕方ありません。それを、心に溜めておかないことが大切なのです。浮かんでくる煩悩は「吹毛剣」で素早く断ち切り、スッキリとした心で物事に取り組みましょう。

莫妄想《まくもうぞう》

不安や悩みはすべて妄想

不安のもととなる妄想は捨てなさいという教えです。この場合の妄想とは、過去の出来事をこうすればよかったと考えたり、起きてもいない未来のことを不安がったりする雑念や想念のこと。

どんなにいい方法が見つかっても、過去には戻れませんし、どうなるか分からない未来のことを鬱々と考えるのは杞憂というもの。多くの不安や悩みは実体がなく、自分の心がつくり出しているのです。

妄想は、前に進む力や冷静な判断を鈍らせます。妄想にとらわれたら、すぐにストップして、今やるべきことに集中しましょう。ひとつのことに集中すれば、妄想が浮かぶ隙もなくなります。

あの人も禅に影響を受けていた

夏目漱石（1867〜1916年）

極度の神経衰弱に悩まされていた夏目漱石は、鎌倉・円覚寺の門をたたき、参禅しました。この座禅体験をもとに書かれたのが長編小説の『門』。『門』には、主人公の宗助が、鎌倉の禅寺で座禅三昧をする様子が描かれています。

スティーブ・ジョブズ（1955〜2011年）

学生時代から、東洋哲学に傾倒し、サンフランシスコ禅センターに通っていたジョブズ。彼は、公私にわたり、「集中とシンプルさ」を信条としていました。iPhoneをはじめとする、アップルの商品はどれもシンプルで、禅的思考を具現化しています。

平塚らいてう（1886〜1971年）

女性解放運動家として知られる、平塚らいてう。彼女は大学へ通いながら、東京の両忘庵で参禅し、ほぼ一年で見性《けんしょう》を許され慧薫《えくん》という道号を授けられました。晩年まで座禅を習慣とし、禅についての随筆も多く残しています。

第三章

自信を取り戻す言葉

李花白《りかはしろく》
桃花紅《とうかはくれない》
そのままが、いちばん美しい

李《すもも》の花は白、桃の花は紅。それが自然の色で、他の色に変わることはありません。この禅語は、何もしなくても、あるがままの姿が美しいということを教えてくれます。

人は、自分を良く見せようとして工夫をします。目をパッチリと見せたくて、つけまつげをしたり、アイラインを入れたり。たくましく見せたくて、筋トレをしたり。努力するのはいいことですが、

無理して別の者になる必要はありません。その努力は、あなたが本来持っている個性を潰してしまいます。
李も、桃もそれぞれの魅力があるのです。別の物にはなれません。自分の長所はここだと思えたら、それがあなたの魅力なのです。

大象不遊兎径《だいぞうはとけいにあそばず》

大物は象のようにゆったりしている

体の大きな象は、兎のような小さな動物が通る小径は歩きません。何かをやり遂げようと思ったら、象のようにゆったりと歩みましょう。

大物は細かなことにこだわりません。細かなお金の問題など、小さな利害にとらわれると、視野が狭くなり、大胆な発想ができなくなってしまうのです。

また、自分のまわりの小さな世界に閉じこもるのはやめましょう。器を大きく、大らかに人と接していれば、自然に人が集まってきて、自分では思いつかないような新しいアイデアが生まれます。

成功への道の途中に、小径があっても迷わずに、正しいと思った道を選びましょう。違ったら、また戻ればいいという心構えで挑みましょう。

行雲流水《こううんりゅうすい》

時には流れにまかせる

一生懸命に頑張っていても、自分では解決できない問題が起きることがあります。そんなときは、焦らずに流れに身をまかせましょう。

高速道路が渋滞しているとき、少しでも前に進もうとして、右へ左へ車線変更しても、思うほど早く進みません。時には、一般道に降りた方が目的地に早く着く場合だってあるのです。

問題や障害に出くわしたら、空に浮かぶ雲や川を流れる水のように柔軟な心を持ちましょう。雲は形を変えながら漂い、川の水は岩にぶつかっても平然と流れます。すべての物事は留まってはいません。物事へのこだわりをなくせば、人生は意外とスムーズにいくものです。

明珠在掌《みょうじゅたなごころにあり》

宝物は、自分の手のなかにある

「明珠」とは価値のある宝物のこと。それは、あなたの手のなかにあるという教えです。人は、それぞれ素晴らしい宝物を握りしめているのに、なかなかそのことに気づきません。そして、違う場所に行けば、今より幸せになれるのではと考え「自分探し」の旅に出てみたり、これを手に入れれば、うまく生きられるのではと、やみくもに「資格取得」を目指したり、右往

左往しがちです。
　求めているものは既に自分で持っているのです。あなたがこれまで生きてきて、大切にしてきたことを考えてみましょう。家族や友達、仕事、それがあなたの宝物、才能の原石かもしれません。手にしている、大事なものに気づいたら、それを磨いていきましょう。

寒松一色千年別《かんしょういっしきせんねんべつなり》

どんな環境でも力強く生きる

老松は、千年という歳月を経ても、風雪に耐え、美しい緑の葉を茂らせています。降り積もる雪のなかで静かに息づく緑は、変わらずにあり続ける強さを、私たちに教えてくれます。

人生、楽しいことばかりではありません。厳しい環境に身を置かねばならないときもあるでしょう。もう耐えられないと、挫折しそうになったら、寒中でも青々とした葉を茂らす、松の木を思い出しましょう。

冬が終われば、温暖な春がやってきます。冬が厳しかった分だけ、春の喜びもひとしおです。あなたの苦労も、ある朝、花開いて春が来るように、突如として報われる時がやってくるかもしれません。

無事是貴人《ぶじこれきにん》

平凡な毎日を安穏に暮らすのがいい

何事もなく変わらないこと、健康であることなどを「無事」といいますが、禅語では「外に求める心を捨て去った安らぎの境地」を意味します。そして、「貴人」は貴い人、すなわち仏性に目覚めた人を指します。

禅宗では、人は生まれながらに仏性を備えていると考えます。人はそのままで貴い存在なのに、もっと自分を磨こうとして、かえって心を乱します。あなたはそのままで素敵なのだから、無理をしなくていいのです。求めているものはすべて自分のなかにある。そのことに気づけば、本来の自分の清らかな姿が見えてきます。

平凡な毎日を過ごせばよいのです。特別なことをしなくても貴人なのです。そこに気づけば、今よりもずっと心穏やかに暮らせます。

孤雲本無心《こうんもとむしん》

雲のように自由に生きる

大空にぽっかりと浮かぶ一片の雲。形を自在に変えながら、どこへ行くわけでもなく、ただ漂っている。これは、自我を忘れ、執着心を捨て去った自由な境地を表しています。

誰しも雲のように自由でありたいと思いますが、社会に出ると、いろいろなものに執着し、不自由になります。また、人と関わることで、傷つくことも、自信をなくすこともあり、無心になることは容易ではありません。

負の感情が芽生えたら、ゆったりと空を漂う雲を眺め、ありのままの自分を認めましょう。そうすれば、執着がなくなり、何ものにもとらわれない自由な心をゆっくりと取り戻すことができるでしょう。

一無位《いちむい》の真人《しんじん》

本当の自分を大切にする

学生時代の友達と久しぶりに会うと、仲の良かった友達が出世したことを知って落ち込んだり、キラリと輝く高級時計を見て、いい暮らしをしてるんだなとうらやましがったり、ついつい地位や富を比べてしまいます。

人と比べて足りないからといって悲しむことはありません。誰しも体のなかに「一切の立場や名誉、位などにとらわれない（＝無位）、仏性を

持った自分（＝真人）」がいます。自信を失ったのは、表面的な自分。本来の自分そのものは傷つかず超然としているのです。

そのことに気づけば、世間の価値感から解放され、本当の自由が得られます。本来の自分を大切にして、いきいきとした人生を送りましょう。

把手共行《はしゅきょうこう》

誰にでも共に歩く仲間がいる

茶道や華道、武道など、その道を目指して、共に手を取り精進する仲間がいるのは実にうれしいものです。

四国巡礼のお遍路さんの笠には「同行二人」と書いてあります。その二人とは、自分と弘法大師様。遍路では、一人で歩いていても、弘法大師様がついていて、共に歩き見守っていてくれるのです。

孤独であっても、心のなかに共に手を取る仲間＝内なる自分がいます。間違ったことをしそうなとき、「それはダメだ」とストップをかける心の声を感じたことがあるでしょう。誰にでも心のなかに、純粋無垢な自分がいて、手を取り合って歩んでいます。くじけそうになったら、内なる自分に声をかけてみましょう。きっとあなたを励ましてくれるでしょう。

主人公《しゅじんこう》

人生の主役は自分

物語の中心人物を主人公といいますが、もとは禅語。自分のなかにいる、もう一人の自分を主人公といいます。主人公は自分が思っているより、ずっと強くて純粋です。そして、この自分こそが本来の自分なのです。

唐の高僧、瑞巌《ずいがん》和尚は、毎日自分自身に向かって「主人公」と呼びかけて、主人公が目覚めていることを確認していました。

普段の自分はさまざまな役割を担っています。会社員、主婦、お父さん、お母さん、彼氏、彼女……。それも確かに自分ですが、「主人公」を忘れてはいけません。役割を生きるのではなく、主体的に自分の人生を生きましょう。主人公が眠ってしまわないように、あなたも内なる自分に呼びかけましょう。

百花為誰開《ひゃっかたがためにひらく》

認められたい気持ちをセーブする

家族のために働く。会社の業績を上げようと努力する。誰かのために頑張るのは良いことです。ですが、その行為に見返りを求めていませんか？花は誰かに褒められたくて咲いているのでしょうか。もちろん、そんなことはありません。季節が巡ってきたから、自然の摂理で咲いているのです。誰かに褒められたい、誰かに認められたいという気持ちを少し横に置いて、ただ自分に与えられた使命をまっとうしてみましょう。そして、そんな自分を静かに誇りにすればよいのです。

人々が花を愛でるように、あなたを見てきちんと評価してくれる人は必ずいるはずです。

八風吹不動《はっぷうふけどもどうぜず》

どんな風にも吹き飛ばされない

八風とは、仏道修行者の心を動揺させ修行を妨げる出来事のこと。私たちの人生にも八風が吹いています。利益を得たり、知らぬ間に名誉を得たり、人から褒められたり、楽しいことに夢中になったり。かと思えば、思わぬ損をしたり、悪評がたったり、目の前で責められたり、苦しい出来事があったりするのです。

自然に吹く風を止められないように、良いことも、悪いことも起きる出来事はコントロールできません。

自分をしっかり持っていなければ、足をすくわれます。悪いときも、良いときにも注意が必要です。褒められても慢心せず、中傷に傷つかない。どんな風が吹いても揺るがない強い心を持ちましょう。

破草鞋《はそうあい》

使い込んだ物は努力の証

使命を果たし、今ではぼろぼろになったわらじ。それが「破草鞋」です。また、それはわらじが擦り切れるまで行脚を続けた僧侶の修行の証でもあるのです。

わらじだけではありません。ぼろぼろになるまで勉強した教科書やノート、厳しい練習でくたくたになったグローブ、毎日の家事でかさかさになった手……。あなたの身体や身のまわりにある物、

そのどれもが今までの努力を示す物なのです。
　自分に自信が持てないとき、ずっと使ってきた物やあなたの手を見てみてください。そこにはきっとあなたが歩んできた道が表れているはず。それを誇りにして、この先も進んでいけば、きっと明るい未来に繋がっていくでしょう。

放下着《ほうげじゃく》

執着を捨てて、心の片づけをしよう

「放下」とは打ち捨てること、「着」は命令を表します。唐の高僧、趙州《じょうしゅう》禅師は、修行僧から「もはや捨てる物はない。今後どんな修行をしたらよいか」と問われたとき、「放下着」と一喝し、「捨て切ったという思いも捨てろ」と答えたといいます。修行に修行を重ねて体得した悟りさえ捨て去るのが禅の修行なのです。

今、まわりに不要な物があふれているなら、まずはそれを捨てましょう。物がすっきり片づいたら、次は心の片づけ。今まで積み重ねてきた仕事の実績やプライドを捨て去るのです。肩書きがなくても、生きて行ける自信がつけば、新しい一歩が踏み出せます。不安や悩みにとらわれてしまうときは、身の回りを整理し、軽やかに生きることを目指しましょう。

おうちでプチ修行① 自宅で「いす座禅」

体を調えることで心を調えるのが座禅。ですから、いすに座った状態でも行えます。多忙でも、足が悪くてもできる「いす座禅」で心身を調えましょう。

[姿勢]

①いすの背もたれに寄りかからず浅く腰かける。膝を軽く開き、足はしっかりと床につける。

②背筋をピンと伸ばし、天から頭を引っ張られているような感覚を意識する。

③手を軽く結び、へその前に置く。

④あごを引き、目は前方の一点を見つめ、口は軽くとじる。

⑤肩の力を抜き、丹田（下腹）を前に突き出す。

[呼吸]

①鼻で吸って鼻で吐く腹式鼻呼吸で、丹田を意識しながら、長く吐くことを心がける。

②考えごとなどが思い浮かんだら、取り合わず切り捨て、呼吸に意識を集中し、一息一息を丁寧に行う。

第四章

やる気になる言葉

白雲《はくうん》自去来《おのずからきょらいす》

時には、放っておくことも大切

白雲は煩悩や妄想のたとえ。煩悩は、浮かんでは消える雲に似ています。

暑くてたまらないから、雲が出てほしい。洗濯物を干しているから青空になってほしい。人がそう願っても雲は自在に動かせません。いつの間にか現れて、気がつけば消えている、そういうものです。

人間の煩悩は完全になくなりません。ただ、翻弄されないように心がけることはでき

ます。煩悩や妄想が湧き出してきても、あわてない。消しゴムで消すように、なかったことにはできないけれど、その時の思いや欲望は一時的なものと、放っておけばよいのです。悠然と構えていれば、煩悩や欲望はいつの間にか風に乗って消えてゆきます。

歩歩是道場《ほほこれどうじょう》

どんな環境でも学ぶことはできる

趣味や習い事、勉強など、何かに挑戦したいと思った時、私たちは教えてくれる人や場所を探したり、道具を揃えるところから始めようと考えます。しかし、そのように環境を整えることを優先していると、「書道をやってみたいけれど、道具がないからできない」、「英語を習ってみたいけれど、先生がいないからできない」などと言い訳をして、なかなか新しい一歩を踏み出せなくなってしまうのです。

やってみたいことがあるなら、どんな環境でもそこで始めてみましょう。筆がなくても鉛筆一本で書道はできます。英語の先生がいなくても、好きな英語の歌を辞書片手に味わうことができます。そのように、日常の一つ一つを学びの場にしていきましょう。

誰家無明月清風《たがいえにかめいげつせいふうなからん》

誰にでも慈悲の心が宿っている

誰の家にも月の光は届き、清々しい風が吹く。「明月清風」は仏心（人間性・慈悲の心）を表していて、どんな人にも仏の心が宿っているという意味です。

修行中のお坊さんにも、あなたにも、悪さをした犯罪者にも仏心があるのです。人を傷つけることしかできない人はいないのです。見た目や態度、過去に起こした出来事で、人を判断するのはやめましょう。その人も自分も同じ人間。大差はありません。同じように仏心を持っていても、悪いことをしてしまうのは、善きものと悪しきものの判断が鈍っているからです。晴れた日には、窓を開けて風を通し、夜は月を眺めてみましょう。そして、自分のなかの仏性を研ぎ澄ましましょう。

啐啄同時《そったくどうじ》

結果はベストなタイミングで表れる

「啐」は雛が卵の内側からくちばしで殻をつつくこと、「啄」は親鳥が外側から殻を割ること。この二つが同時に行われることで卵が割れ、雛が孵《かえ》るのです。

努力を続けているのになかなか結果が出ない。そんな時はまだ機が熟していないだけなのかもしれません。内側からの力だけでも、外側からの力だけでも成果を手に入れることはできないのです。

「もうダメだ」と諦めることなく、地道に自分を磨き続けてみてください。そうやって自分の力を高めていれば、いつかチャンスが来たり、力になってくれる人と出会えたときに、大きく飛躍することができるでしょう。

元気《げんき》

元気はまわりに連鎖するもの

この世界にある物にはすべて「気」が宿っています。私たち人間だけでなく、花や木などの自然、物にも「気」は宿るのです。そして、その「気」がいきいきとしている状態を「元気」といいます。

私たちの体や心が元気なとき、前向きな力があふれ、いろいろなことにチャレンジすることができます。そして、そういう姿は波動のように伝わり、まわりの人も元気になっていくのです。

もしも、あなたのまわりに元気がない人がいたら、声をかけてみてください。また、あなた自身に元気がないときは、一人で閉じこもっているよりも、まわりの人と話したり、ふれあいを持ってみましょう。ちょっとした会話でも元気をお互いに分け合うことができるのです。

雲収山岳青《くもおさまりてさんがくあおし》

雲が去れば、あなた自身が見えてくる

生活をしていると、さまざまな価値観や感情に触れます。職場や学校、テレビや新聞で、自分と全く違う考えの人に影響されることもあるでしょう。また、自分の感情に振り回され、意思とは違うことを言ってしまうこともあるでしょう。そんなときふと、本当の自分はどこへ行ってしまったのだろうと不安を覚えます。

しかし、それはあなたの心にもやがかかっているだけ。どんよりと空を覆う雲が去れば、そこには青々とした美しい山がまた姿を現します。それと同じように、焦らずにゆったり過ごしていれば、あなたの心も晴れて本来の自己が現れるのです。自分を見失う瞬間があっても、雲の奥にはもともと自分がある。それを忘れずにいれば、悠然と構えていられるはずです。

一以貫之《いちをもってこれをつらぬく》

ポリシーを持って柔軟に生きる

まわりの意見や社会の風潮に流されて、進むべき道が見えなくなっていませんか。「あの人にこう言われたから」、「一般的にはこうすべきだから」と自分以外の声ばかり聞いていると、自分が本当にしたいこと、目指したいものが曖昧になってしまいます。

　自分のなかに揺るがないポリシーを持ち、まっすぐ進んでいれば周囲に振り回されることはありません。ただし、

固い意志と同時に必要なのは柔軟性。大きな壁を前にしたとき、他の人から学びたいと思ったとき、自分のポリシーを大切にしながらも謙虚に変化を受け入れましょう。
　少しずつ軌道修正を加えながら進んでいくことで、より大きな成長を遂げることができるのです。

柳緑《やなぎはみどり》花紅《はなはくれない》

自然のように、ありのままの姿で

青々とした柳。赤く色づいた花。それは自然のありのままの姿です。私たちのまわりにある花や木、山、海、そのどれもがありのままの姿で存在しています。

文明が発達しても、私たちは自然にあらがうことはできません。大自然を前にすると、私たちはとても無力なのです。それと同じように、どんなに考えても、どんなに悩んでも、うまくいかないこともあります。

そんなとき、無理に自分を大きく見せようとしたり、自暴自棄になったりする必要はありません。ただ、ありのまま、静かに時の流れに身をまかせてみるのです。そうすれば、やがて冬が終わり春が来るように、まわりの世界が明るいと感じられる日がきっとくるはずです。

晴耕雨読《せいこううどく》

心が晴れない日はゆっくりと

晴れた日には田畑を耕し、雨が降れば家で読書をする。そんなふうに自然に任せた生活は心を穏やかにします。

現代の世の中では、毎日が忙しく、いつでも「頑張らなくちゃ」と無理をしている人が多いのではないでしょうか。けれど、あなたの心にも晴れの日と雨の日があります。心に雨が降っているのに、それを見ないふりをして無理に頑張ろうとすると、次第に自分の心に鈍感になってしまうのです。「今日は何だか心が晴れないな」と思ったら、五分でも十分でもそんな自分の心と向き合い、静かにゆっくりする時間を持ちましょう。そうすることで、心も体も休まり、明日へのパワーが湧いてくるでしょう。

白珪《はっけい》尚可磨《なおみがくべし》

毎日磨き続けることで輝く

「白珪」とは、それ以上磨きようもないような美しさを持つ玉のこと。そんな完璧な玉であっても磨き続けることで、輝きを保つことができるのです。

それはまるでオリンピック選手のよう。誰から見ても完璧に見える彼らも、毎日基礎的な練習を欠かしません。それによって素晴らしい結果を残し続けているのです。

はじめはがむしゃらに頑

張っていたことでも、ある程度できるようになったり、まわりから認められたりすると、「もうこれくらいでいいだろう」と、手を抜いてしまうことはありませんか。
　結果を残すために限界はありません。毎日自分を磨き続けることで、いつも輝きを放つことができるのです。

隻手音声《せきしゅおんじょう》

小さな常識の枠から自由になろう

両手を叩けば音が鳴ります。では片手だけの音を聞いてみてください。

これは禅の公案（問答）です。もちろん片手では音が鳴ることはありません。それでもその片手に耳を傾けてみるのです。

私たちは普段生活しているなかで、常識や思い込みにとらわれすぎてはいないでしょうか。「こんなことはできるわけがない」、「この年齢だから、こんなことをするなんて常識はずれだ」などと、自分の本当の心の声を無視していたら、いつまでたっても自分のなかの小さな枠から飛び出ることができません。

片手の音を聞くこと。それは常識の枠を取払い、新たな可能性を与えてくれるのです。

大機大用《だいきだいゆう》

チャンスをものにするのは自分の行動

自分の目の前にやってきたチャンス（機）を逃さず、飛躍する。そんな大きな働きを「大機」といいます。そして、そのチャンスに対して自分がどう動くのか、それが「大用」です。

誰にでもチャンスは巡ってくるものです。ただ、その一瞬のチャンスを自分のものにできるかどうかは、そのときの行動次第なのです。

そのためには日頃から自分を磨き、備えることが大切。そうすれば、慌てて空回りすることもなく、落ち着いた気持ちで、やがて来るチャンスを待つことができます。そしていざ、大きなチャンスが来たら的確に見極めて、素早く行動すればよいのです。

脚下照顧《きゃっかしょうこ》

時には立ち止まることも大切

禅のお寺では、玄関に「自分の脱いだ履物を揃えなさい」という意味の、この言葉が掲げられています。履物を揃えることは礼儀作法の意味だけではなく、今の自分の足元を見つめるということでもあるのです。

忙しい毎日のなかで、まわりに流されて自分を見失うことはありませんか。他の人の境遇をうらやましく感じたり、自分は何てちっぽけな存

在なんだと感じることはありませんか。
そんなときは、立ち止まって本来の自分と向き合ってみましょう。きっと身の回りにある小さな幸せに気づくことができるはずです。そして、基本に忠実にコツコツ続けていけば、まわりに振り回されず、自分らしく生きていけるでしょう。

大道通長安《だいどうちょうあんにつうず》

幸せへの道はひとつではない

唐王朝の都である長安へは、どの道を通っても至ることができるといわれていました。

人は幸せになりたいと願うとき、つい、簡単にそこへたどり着く道を探そうとしてしまいます。けれど、誰かが通った道が、あなたにとってふさわしい道かどうかは分かりません。幸せへたどりつく道は無数に存在しているのです。もうあなたはその道の一つに立っているかもしれません。

まわりの声に振り回されず、今自分にできることを精一杯しながら、目標に向かって、少しずつあなたの道を歩んでください。そうすれば、いずれその道は幸せへと繋がっていくのです。

おうちでプチ修行② 禅的掃除で心を磨く

禅寺で、僧が掃除などの労働を行うことを作務といいます。掃除や片づけ、庭の草取りや、床の雑巾がけなど、身体に汗して働く作業のなかでも掃除は重視されていて、一日に何度も行います。

禅宗では、「一掃除二信心《いちそうじにしんじん》」といいます。これは、仏教の勉強をするよりも、まず一番に身のまわりをきれいにしなさいという教えです。修行僧はその教えをもとに、汚れたから掃除をするのではなく、自分の心を磨くために掃除をします。

忙しい日常生活のなかで、一日に何度も掃除するのは難しいかもしれませんが、少しずつでもまめに掃除をする習慣をつけましょう。一日五分、掃除することから始めてもいいのです。掃除した後の空気は清々しく、達成感も味わえます。部屋がきれいになるほどに、あなたの心もピカピカになっていくでしょう。

第五章
豊かに生きるための言葉

閑古錐《かんこすい》

心が丸くなれば
余裕が生まれる

若い頃は、一心不乱に夢に向かう力や、大きなものに立ち向かう反抗心があり、知らず知らずのうちに自分自身やまわりの人を傷つけてしまうことがあります。

そうやって壁に衝突したり、周囲の人との摩擦を経験したりするうちに、錐《きり》のようにとがっていた心も少しずつ角がとれ、次第に丸みをおびていくのです。

丸くなった錐は、道具とし

ては使えないかもしれません。しかし、長年積み上げてきた経験による穏やかさと老練さは、魅力的で尊いもの。その深みこそが、人生に余裕と豊かさを生み出します。

道具としての役目を終えても、とがっていた若い頃には持てなかった心の余裕で、円熟した経験や知恵を次の世代に伝えていく大事な存在になるのです。

日々是好日《にちにちこれこうにち》

今を受け入れ、大切に生きる

今日はこんなことがあった。だからいい日だった、ツイていない日だった。そんなふうに考えるのは自然なことです。

しかし、あなたにとってつらいことがあった日は、そうでない日には得られなかったものを得ているはずです。何かを失うことで、本当に大事なものに気づけたかもしれない。大きな失敗をしたことで、次に活かせるかもしれない。そう考えれば「良い日」、「悪い日」というのはないのです。

今あなたに起こっている出来事をありのままに受け止める。その一瞬は二度と訪れないことを噛みしめて、その一日を大切に生きる。そうすることで、一日一日がとても貴重で輝くものになるはずです。

無《む》一《いち》物《もつ》中《ちゅう》無《む》尽《じん》蔵《ぞう》

もともとは何も持っていなかった

人は生きていくなかで、物やお金、家族、友人、あるいは社会的な地位など、さまざまなものを手に入れ、それを自分のものだと認識します。そうなると、つい、手に入れたものは失いたくないという思いが湧いてくるものです。しかし、失うことへの不安が、あなたの心に余計な苦しみを生んではいませんか？

生まれた時は、何も持っていなかったのです。手にしたものに執着せず、何もかも捨て去ってしまいましょう。そうすることで無駄な心配事はなくなり、心に余裕が生まれます。心の余裕は、あらゆるものを受け入れる寛容性をもたらし、暮らしをより穏やかなものにしてくれるでしょう。

魚行《うおゆけば》水濁《みずにごる》

行動したら
必ず跡は残るもの

魚が泳ぐとその場所の水は濁って、跡になります。同じように、どんな物事であっても、動きがあればそこには痕跡が残るのです。

誰かのために何かをしたり、目標に向かって努力をしても、報われないと感じた経験が誰しもあるでしょう。それでも、何かは変わっているのです。見えないところであなたの善行の恩恵を受けている人がいるかもしれない。努

力して身についた忍耐力が、活きるときがくるかもしれない。見返りを求めなくとも、すべての行動は何らかの形になってあなたのもとに還ってきます。
　もちろん、悪事も同じ。仮に誰にも気づかれなくても、罪悪感や、いつか暴かれるのではないかという恐怖が、あなたの心を苦しめることになるのです。

知足《ちそく》

幸せは、気づいた人だけが手にできる

収入も、食事や家も、自由に使える時間も、まわりの人も、すべて今のままで、今よりももっと幸せになる方法があります。それは、今が満ち足りた状態にあると気づくことです。そのことに気づかなければ、人はどんなに多くのものを手にしても、それ以上を望んでしまうものです。どんなに好きなものやお金に囲まれていても、貪る心が残っている限り、幸せを感じることはありません。

いろいろな物が足りないと思っていても、あなたはこうしてきちんと毎日を過ごしています。その事実に目を向ければ、自分がいかに恵まれているのかが分かるはずです。幸せというのは、物を高く積み上げることではなく、すでに自分のもとにあるのです。

無功徳《むくどく》

見返りは求めない

仕事をするのは、お金を得るため。友人と遊ぶのは、楽しい時間を過ごすため。勉強をするのは、行きたい学校に合格するため。人の行動のほとんどには、目的や理由があります。そんな生活に慣れた私たちは、人に親切にしたときも、心の片隅で見返りを期待してしまいがちです。

豊かな人生を歩むためには、行動そのものに価値を見出すことです。仕事に精を出すのも、大切な友人と過ごすのも、勉強して知識を得るのも、それ自体が素晴らしいこと。そして、人に親切にするのは、その行為自体が尊いのです。それに気づくことができれば、何をしても自然に心が満たされます。あなたが、清い心に従って素直に生きることが、そのままあなたの幸せに繋がるのです。

赤心片片《せきしんへんぺん》

何事も純真な心で

「赤心」は赤ちゃんのような心、転じて真心や誠意を意味し、「片片」は余すところなくすべてという意味です。この禅語は、すべてのことに真心を込めて接することの大切さを伝えています。

人は成長するにつれ、地位や名誉、身につけている物で人を判断し、損得勘定で付き合うことを覚えていきます。

誰もが、赤ちゃんの時の心は忘れ去ります。ですが、「赤

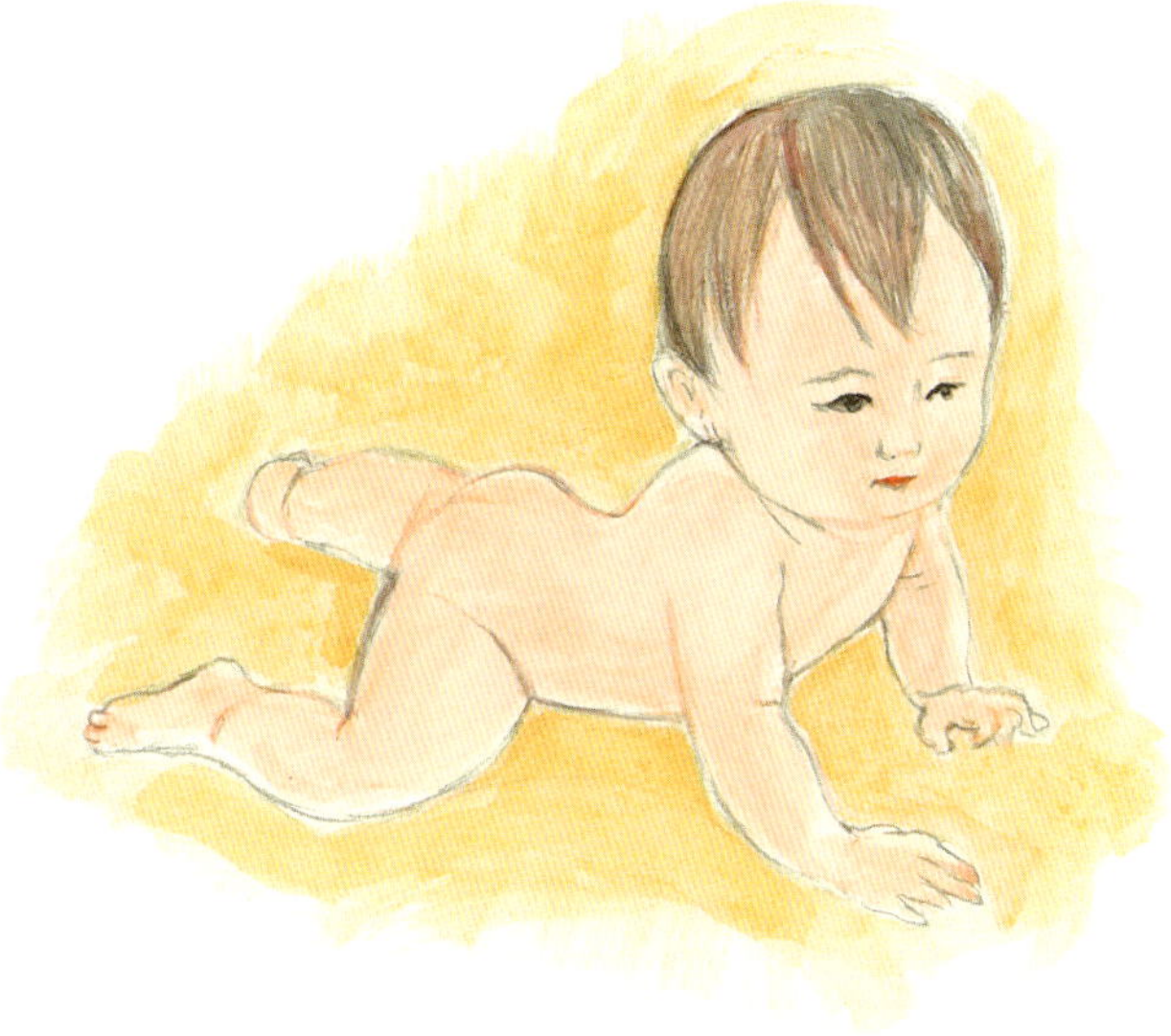

心」に立ち返ることはできます。時には、「まわりの人に、真心で接しているだろうか」と、日頃の行いを振り返ってみましょう。そうして、心の曇りを取り除いたら、見落としていた多くのものに気づくでしょう。

百尺竿頭進一歩《ひゃくしゃくかんとうにいっぽをすすむ》

今にとらわれず、歩みを止めない

仕事でも趣味でも、経験を積みながら長年続けていると成熟し、いつかはこれ以上もう進めないという境地に達します。そうなると、人はそこに安住しようという執着が生まれます。どれだけ修行を積んで、悟りの境地に達しても、そこに留まり、あぐらをかけば、もはや悟りではなくなってしまうのです。

修行にゴールはありません。もう先がないところに達したと思っても、それを人に教えたり、身につけたもので人の手助けをする立場になることもできます。あなたを必要とする人に歩み寄ることもまた前進です。頂点に留まらず、前に進んでいくことそのものが修行であり、悟り。それを続けることが、豊かな人生を送っていく秘訣なのです。

一日不作《いちにちなさざれば》　一日不食《いちにちくらわず》

なすべきことを自分に課す

この禅語の文字だけを見ると、「働かざる者、食うべからず」の類語のように感じますが、そうではありません。

これは、どんなに年老いて不自由になっても、自らできる範囲の課題を見つけ、それを日々行う生活をしましょうという教えです。

では、それをしなかったらどうなるのか。確かにこの世の中、仕事を一日怠けたり、人が見ていないからとズルをしても、大変困った事態に陥るということはなかなかありません。けれど、たとえ人が見ていなくても自らを戒め律し、毎日を丁寧に生きる。その積み重ねこそが、穏やかな心をつくり上げる唯一の方法なのです。

水急《みずきゅうにして》不流月《つきをながさず》

水面に浮かぶ月のように、あなた自身は流されないで

時は、川の水のように止まることなく流れ、私たちに変化をもたらし続けます。私たちは、新しいものを受け入れながら、時代に適応して生きていく必要があります。

時には、自分が大事にしてきたものが時代に合わなくなり、戸惑いを覚えることもあるでしょう。しかし、川の水面に映る月のように、本来のあなたは決して流されてはならないもの。まわりばかりを

気にしていると自分を見失ってしまいます。あなたの存在は、どんなに環境が変わっても、それに左右されることは決してありません。
　自己を見つめ、不動の心を持てば、どんな出来事にも動じることなく、堂々とあなたらしい人生を歩んでいけるはずです。

冷《れい》暖《だん》自《じ》知《ち》

経験しないと分からない

水の温度は、手で触れたり、飲んでみないと分かりません。人が「ひんやり冷たいよ」と教えてくれても、鵜呑みにしてはいけません。あなたが飲めば「ぬるい」と感じるかもしれないからです。感性は人によって違うので、何事も自分で経験をしてみないと分かりません。

誰かから聞いて、分かったつもりでいても、実際に経験するまでは、本当に理解したことにはならないのです。

どんなことも、面倒くさがらず、自分でやってみましょう。人は、実際に体験することで、多くの気づきを得るのです。たくさんの経験を積めば、あなたの世界が豊かになります。

壺中《こちゅう》日月長《じつげつながし》

縛られた世界でも、豊かな時間を

汝南《じょなん》に住む薬売りの老人は、夜になると店先の壺の中に入って過ごしていました。それを見ていた役人が、薬売りに壺の中を案内させると、そこは美しい別天地だったのです。手厚い接待を受け、十日ばかり経ったところで、外の世界に戻ろうと思ったら、すでに十年もの歳月が過ぎていた。そんな話に由来するのがこの言葉です。

私たちは普段、時間に追われ、縛られた世界のなかで生きています。しかし、そんな場所でも、心をゆったりとさせることはできるはず。どんなにまわりが慌ただしくても、それに振り回されず自分自身を持つこと。それにより、心が自由になり、本来の自分の力で仕事ができるのです。そして、ストレスに振り回されない、豊かな時間を持つことができるでしょう。

夢《ゆめ》
儚《はかな》い世界で一瞬
一瞬を大切に

私たちの世界は、まるで眠って見る夢のように儚《はかな》いもの。永遠に続くものなどなく、常に移り変わっています。

今、目の前に見えている景色も一瞬のうちに変わってしまいます。今日出会った人ともう一度会えるとは限りません。青春時代はあっという間に過ぎ、やがて老いを感じるようになります。

そういう変化を感じると不安になったり、悲しくなったりした

りするものです。だからこそ、私たちはその一瞬一瞬を大切に生きる必要があるのです。
毎日を大切に過ごすことができれば、変わりゆくものに心を惑わされることなく、変化を自然なものとして受け入れられるようになるでしょう。

平常心是道《びょうじょうしんこれどう》

ありのままの心で、ありのまま生きる

悟りの道とは何か。南泉という禅師は、弟子からの問いに、平常心、つまり普段通りの心でいることだと答えました。人生、つらく悲しいこともあります。快楽への誘惑も、思わぬアクシデントもあります。そんなかでも、普段どおりの落ち着いた心で日々を過ごす。それが悟りの境地だということです。南泉は、悟りの境地に至ろうとする気持ちでさえ、悟りには背くものだと続けます。平常心でいようと意識すること自体がすでに平常心ではないのです。この境地に達するためには、普段から自分を見つめ、善い行いをし、心を磨いておかなければなりません。

心を磨くという行為を、意識的にではなく、心の赴くままに自然にできるようになったとき、それが悟りの境地だといえるのでしょう。

［監修］武山 廣道（たけやま こうどう）
1953年生まれ。73年、正眼専門道場入門。天下の鬼叢林（おにそうりん）といわれた正眼僧堂にて多年修行。96年4月、白林寺住職に就任。2011年3月、全国宗務所長会会長就任。12年、臨済宗妙心寺派宗議会議員・名古屋禅センター長・文化センター講師など宗門の興隆に勤しむ。
白林禅寺　http://homepage2.nifty.com/hakurinji/

［画］臼井 治（うすい おさむ）
日本画家、日本美術院 特待。愛知県立芸術大学大学院美術研修科修了。師は片岡球子。愛知県立芸術大学日本画非常勤講師、愛知県立芸術大学法隆寺金色堂壁画模写事業参加を経て、現在は朝日カルチャーセンター講師など、様々な日本画の講座で講師を務める。個展も多数開催。

［参考文献］ほっとする禅語70（二玄社）、続 ほっとする禅語70（二玄社）、禅の言葉に学ぶ ていねいな暮らしと美しい人生（朝日新聞出版）など

監修　武山廣道
画　臼井 治
装丁　宮下ヨシヲ（サイフォン グラフィカ）
本文デザイン　渡辺靖子（リベラル社）
編集　鈴木ひろみ（リベラル社）
編集人　伊藤光恵（リベラル社）

くり返し読みたい 禅語

2015年 8 月24日　初版発行
2022年11月19日　再版発行

編　集　リベラル社
発行者　隅田 直樹
発行所　株式会社 リベラル社
〒460-0008 名古屋市中区栄3-7-9 新鏡栄ビル8F
TEL 052-261-9101　FAX 052-261-9134　http://liberalsya.com
発　売　株式会社 星雲社（共同出版社・流通責任出版社）
〒112-0005 東京都文京区水道1-3-30
TEL 03-3868-3275
印刷・製本所　株式会社 シナノパブリッシングプレス

©Liberalsya. 2015 Printed in Japan　ISBN978-4-434-21001-3　C0014
落丁・乱丁本は送料弊社負担にてお取り替え致します。　315003